CANTIQUES

DE LA

MISSION DE COUTANCES

(1875)

Prix : 15 centimes.

COUTANCES

CHEZ SALETTES, IMPRIMEUR DE LA *Revue catholique*
(Propriété.)

Cantique de la Sainte-Vierge.

MAGNIFICAT * anima mea Dominum,
Et exultavit spiritus meus * in Deo salutari meo :
Quia respexit humilitatem ancillæ suæ : * ecce enim ex hoc beatam me dicent omnes generationes :
Quia fecit mihi magna qui potens est, * et sanctum nomen ejus.
Et misericordia ejus à progenie in progenies * timentibus eum.
Fecit potentiam in brachio suo : * dispersit superbos mente cordis sui.
Deposuit potentes de sede, * et exaltavit humiles.
Esurientes implevit bonis, * et divites dimisit inanes.
Suscepit Israel puerum suum, * recordatus misericordiæ suæ,
Sicut locutus est ad patres nostros, * Abraham et semini ejus in secula.
Gloria Patri.

Hymne.

AVE, maris stella,
Dei Mater alma,
Atque semper virgo,
Felix cœli porta.
    SUMENS illud Ave,
Gabrielis ore,
Funda nos in pace,
Mutans Evæ nomen.
    SOLVE vincla reis,
Profer lumen cæcis,
Mala nostra pelle ;
Bona cuncta posce.
    MONSTRA te esse matrem,
Sumat per te preces,
Qui pro nobis natus

Tulit esse tuus.
    VIRGO singularis,
Inter omnes mitis,
Nos culpis solutos
Mites fac et castos.
    VITAM præsta puram,
Iter para tutum,
Ut videntes Jesum
Semper collætemur.
    SIT laus Deo Patri,
Summo Christo decus,
Spiritui Sancto,
Tribus honor unus.
    Amen.

CANTIQUES
DE LA
MISSION DE COUTANCES

Au Saint-Esprit

✝ Vive le Seigneur, le Seigneur, le Seigneur!
Vive le Seigneur dans notre cœur !

Venez, Esprit Saint, pur amour,
Descendez sur nous en ce jour,
Allumez par vos traits vainqueurs
Le feu divin dans tous les cœurs.　✝ Vive.

Grand Dieu, souverain Créateur,
Envoyez le Consolateur ;
Vous verrez, malgré les enfers,
Se renouveler l'univers.　✝ Vive.

Invocation au Saint-Esprit.

Esprit Saint, comblez nos vœux,
　　Embrasez nos âmes
　　Des plus vives flammes ;
Esprit Saint, comblez nos vœux,
　　Embrasez nos âmes de vos plus doux feux.

Seul auteur de tous les dons,
De vous seul nous attendons
　　Tout notre secours
　　Dans ces saints jours.　　Esprit, etc.

Sans vous, en vain du don des cieux
Les rayons précieux
　　Brillent à nos yeux,
　　Sans vous notre cœur
　　N'est que froideur.　　Esprit, etc.

VOYEZ notre aveuglement,
Nos maux, notre égarement,
Rendez-nous à vous
Et changez-nous.   Esprit, etc.

Les Sept Dons du Saint-Esprit

§ ESPRIT Saint, Dieu de lumière,
O vous que nous invoquons,
Venez des cieux sur la terre,
Comblez-nous de tous vos dons.   } bis.

ENSEIGNEZ-NOUS cette SAGESSE
Qui ne cherche que le Seigneur,
Que notre étude soit sans cesse
De lui soumettre notre cœur.   § Esprit.

DONNEZ-NOUS cette INTELLIGENCE ;
Ce CONSEIL qui révèle au cœur
De la foi toute l'excellence
Et du péché toute l'horreur.   § Esprit.

FORCE, que l'onction sacrée
Par la vertu donne à nos cœurs,
Au sein de la lutte engagée
Contre Satan, rends-nous vainqueurs. § Esprit.

Ouverture d'une Mission.

UN Dieu vient se faire entendre,
Cher peuple, quelle faveur !
A sa voix il faut vous rendre,
Il demande votre cœur.

Accourez, peuple fidèle,
Venez à la Mission,
Le Seigneur qui vous appelle,
Veut votre conversion.

DANS l'état le plus horrible,
Le péché vous a réduits ;
Mais, à vos malheurs sensible,
Dieu vers vous nous a conduits. Accourez, etc.

Sur vous il fera reluire
Une céleste clarté ;
Dans vos cœurs il va produire
Le feu de la charité.   Accourez, etc.

  Trop longtemps, hélas ! le crime
A pour vous eu des attraits ;
Qu'un saint désir vous anime
A le bannir pour jamais.   Accourez, etc.

  Loin de vous toute injustice,
Loin toute division ;
Que partout se rétablisse
La concorde et l'union.   Accourez, etc.

  Du blasphême, du parjure,
Montrez une sainte horreur :
Plus en vous de flamme impure,
N'aimez plus que la pudeur.   Accourez, etc.

  Evitez l'intempérance
Et tout plaisir criminel :
Que chacun enfin ne pense
Qu'à son salut éternel.   Accourez, etc.

  Sans tarder, changez de vie,
Sur vos maux pleurez, pécheurs,
C'est Dieu qui vous y convie,
N'endurcissez point vos cœurs. Accourez, etc.

  Quel bonheur inestimable,
Si, plein d'un vrai repentir,
De son état misérable
Tout pécheur voulait sortir !   Accourez, etc.

  Ah ! Seigneur ! qu'enfin se fasse
Ce désiré changement :
Dans les cœurs, par votre grâce,
Venez agir fortement.   Accourez, etc.

  Brisez, ô Dieu de clémence !
Leur coupable dureté !
Qu'une sainte pénitence
Lave leur iniquité.   Accourez, etc.

Cantique pour le Soir

℣ LE soleil vient de finir sa carrière,
Comme un instant ce jour s'est écoulé.
Jour après jour, ainsi la vie entière
S'écoule et passe avec rapidité.

A CHAQUE instant l'éternité s'avance,
Travaillons-nous à nous y préparer?
De nos péchés faisons-nous pénitence?
De la vertu suivons-nous le sentier?   ℟ Le soleil.

SI cette nuit le souverain arbitre
Nous appelait devant son tribunal;
A sa clémence avons-nous quelque titre?
Que lui répondre en cet instant fatal? ℣ Le soleil.

Du moins, touchés d'un repentir sincère,
Pleurons, Chrétiens, les fautes de ce jour;
Du Dieu vengeur désarmons la colère:
Un cœur contrit regagne son amour. ℣ Le soleil.

Nécessité de servir Dieu

TRAVAILLEZ à votre salut,
Quand on le veut il est facile;
Chrétiens, n'ayez point d'autre but,
Sans lui tout devient inutile.   *bis.*
✝ Sans le salut (*bis*), pensez-y bien,
Tout ne vous servira de rien.   *bis.*

OH! que l'on perd en le perdant!
On perd le céleste héritage:
Au lieu d'un bonheur si charmant,
On a l'enfer pour son partage.   *bis.*
        ✝ Sans le salut, etc.

QUE sert de gagner l'Univers,
Dit Jésus, si l'on perd son âme,
Et s'il faut au fond des enfers
Brûler dans l'éternelle flamme?   *bis.*
        ✝ Sans le salut, etc.

Rien n'est digne d'empressement
Si ce n'est la vie éternelle ;
Tout le reste est amusement,
Tout n'est que pure bagatelle.　　　　*bis.*
　　† Sans le salut, etc.

C'est pour toute une éternité
Qu'on est heureux ou misérable ;
Que devant cette vérité,
Tout ce qui passe est méprisable !　　　　*bis.*
　　† Sans le salut, etc.

Grand Dieu, que tant que nous vivrons,
Cette vérité nous pénètre ;
Ah ! faites que nous nous sauvions,
A quelque prix que ce puisse être.　　　　*bis.*
　　† Sans le salut, etc.

Autre

Nous n'avons à faire
Que notre salut ,　　　　*bis.*
C'est là notre but ,
C'est là notre unique affaire,
Nous serons heureux ,
En cherchant les cieux.　　　　*bis.*

Notre âme immortelle
Est faite pour Dieu.　　　　*bis.*
La terre est trop peu ,
Ou plutôt n'est rien pour elle.
Nous serons heureux
En cherchant les cieux.　　　　*bis.*

Perte universelle,
Perdre son Sauveur.　　　　*bis.*
Perdre son bonheur,
Perdre la vie éternelle !
Afin d'être heureux,
Nous cherchons les cieux.　　　　*bis.*

PRENDS pour toi la terre,
  Avare indigent ;   *bis.*
  Pour l'or et l'argent
Entreprends procès et guerre,
  Pour nous, plus heureux,
  Nous cherchons les cieux.   *bis.*

  RECHERCHE, âme immonde,
  Selon tes désirs,   *bis.*
  Les plus vils plaisirs ;
Ils fuiront avec le monde.
  Pour nous, plus heureux,
  Nous cherchons les cieux.   *bis.*

  POURSUIS la fumée
  D'un futile honneur,   *bis.*
  Mondain, au bonheur
De quoi sert la renommée ?
  Pour nous, plus heureux,
  Nous cherchons les cieux.   *bis.*

  AU prix de la grâce,
  Le reste n'est rien ;   *bis.*
  Ce n'est pas un bien,
Dès lors qu'il trompe et qu'il passe.
  Afin d'être heureux,
  Nous cherchons les cieux.   *bis.*

Regrets de l'âme pénitente.

J'AI péché dès mon enfance,
J'ai chassé Dieu de mon cœur ;
J'ai perdu mon innocence,
Quelle perte ! ah ! quel malheur !
† Quel malheur ! quel malheur !
J'ai chassé Dieu de mon cœur.

OH ! qui mettra dans ma tête
Une fontaine de pleurs,
Sur la perte que j'ai faite,
Sur le plus grand des malheurs ?   † Quel.

Riche trésor de la grâce,
Te perdant, j'ai tout perdu :
Que faut-il donc que je fasse
Pour que tu me sois rendu ?   † Quel.

Innocence inestimable,
Que je te connaissais peu,
Quand d'un bien si désirable
La perte m'était un jeu !   † Quel.

O que mon âme était belle
Quand elle avait sa candeur !
Depuis qu'elle est criminelle
O Dieu, quelle est sa laideur !   † Quel.

O Dieu, quel bonheur extrême,
Si j'étais mort au berceau !
Ou si des fonts du baptême
On m'eût conduit au tombeau !   † Quel.

Malheur à vous, amis traîtres,
Mes plus cruels ennemis,
Qui fûtes mes premiers maîtres
Dans les maux que j'ai commis.   † Quel.

Par votre libertinage,
Vos discours, vos actions,
Du péché, dès mon jeune âge,
Vous me fîtes des leçons.   † Quel.

O mon Dieu ! dans mon baptême,
A vous je me consacrai ;
Et dès mon enfance même
Au démon je me livrai.   † Quel.

Aux promesses prononcées
A la face des autels,
Et si souvent violées
Par mille péchés mortels !   † Quel.

Pardonnez à ce rebelle,
Qui déplore son malheur,
Qui veut vous être fidèle
Et vous redonner son cœur.   † Quel.

Prière du Pécheur pénitent

GRAND Dieu, mon cœur touché
D'avoir péché,
Demande grâce.
Couronne tes bienfait
Pardonne mes forfaits.
Je ne veux plus, Seigneur, encourir ta disgrâce.
† Pardon, mon Dieu, pardon !
Mon Dieu, pardon,
Mon Dieu, pardon !
N'es-tu pas le Dieu bon ?
Mon Dieu, pardon !
N'es-tu pas le Dieu bon ?

HÉLAS ! le triste cours
Des plus beaux jours
De ma jeunesse
N'est qu'un tissu d'erreurs,
De crimes, de malheurs.
Ah ! bien loin de t'aimer, je t'outrageais sans cesse.
† Pardon, etc.

Sous mes pieds les enfers
Sont entr'ouverts
Par la vengeance :
En un instant la mort
Peut décider mon sort.
J'implore ta pitié, j'invoque ta clémence.   † Pardon.

MAUDITS de l'univers,
Chargés de fers,
Souillés de crimes,
Livrés à leurs fureurs,
Dans ce séjour d'horreurs,
Du céleste courroux telles sont les victimes. † Pardon.

TOUJOURS pleurer, souffrir,
Jamais mourir ;
Nulle espérance

De contempler un jour
Le fortuné séjour :
O cruel châtiment ! ô trop juste vengeance !
† Pardon, etc.

Je tombe à tes genoux,
Suspends tes coups,
O Dieu terrible !
Vois le sang de ton Fils,
Daigne entendre ses cris ;
Aux vœux qu'il fait pour nous ne sois pas insensible.
† Pardon, etc.

Ah ! puisse désormais,
Et pour jamais,
Mon cœur fidèle
N'aimer que le Seigneur,
L'aimer avec ardeur !
Puisse-t-il mériter la couronne immortelle !
† Pardon, etc.

Sentiments de Contrition

Mon doux Jésus ! enfin voici le temps
De pardonner à nos cœurs pénitents ;
Nous n'offenserons jamais plus
Votre bonté suprême,
O doux Jésus !　　　　　} *bis.*

Puisqu'un pécheur vous a coûté si cher,
Faites-lui grâce, il ne veut plus pécher.
Ah ! ne perdez pas cette fois
La conquête admirable
De votre croix.　　　　　} *bis.*

Enfin, mon Dieu, nous sommes à genoux,
Pour vous prier de pardonner à tous.
Pardonnez-nous, ô Dieu clément !
Lavez-nous de nos crimes
Dans votre sang.　　　　　} *bis.*

La Mort

Nous passons comme une ombre vaine,
Nous ne naissons que pour mourir.
Quand la mort doit-elle venir ?   } bis.
    L'heure en est incertaine.

La mort à tout âge est à craindre,
Chaque pas conduit au tombeau ;
Tous nos jours ne sont qu'un flambeau   } bis.
    Qu'un souffle peut éteindre.

Je vois un torrent en furie
Disparaître après un moment ;
Hélas ! aussi rapidement   } bis.
    S'écoule notre vie.

Dans nos jardins la fleur nouvelle
Ne dure souvent qu'un matin ;
Tel est, mortels, votre destin,   } bis.
    Vous passerez comme elle.

La mort doit tout réduire en poudre,
Vous mourrez, superbes guerriers,
N'espérez pas que vos lauriers   } bis.
    Vous sauvent de la foudre.

Désespoir des Réprouvés.

Tremblez, habitants de la terre,
    Bientôt le Seigneur va venir.   } bis.
Le ciel dans son courroux fait gronder son tonnerre,
Heureux qui sait prévoir l'effroyable avenir !   † Tremblez.

Je fus comme vous, dans le monde,
    Esclave de mes passions,   } bis.
J'insultais à mon Dieu, dans mon erreur profonde,
Et l'enfer est le fruit de mes illusions.   † Je fus.

Mon cœur, aveuglé par le crime,
    Se jouait de l'éternité,   } bis.
Mais, ô fatale erreur ! dans un affreux abime,
Au moment du trépas, je fus précipité.   † Mon cœur.

Venez, trop aveugle jeunesse,
Venez en deçà des tombeaux,   } *bis.*
Vous connaîtrez le prix de l'auguste sagesse,
Lorsque vous entendrez le récit de mes maux.   † Venez.

Venez, criminels de tout âge,
Vieillards, âge mûr, jeunes gens,   } *bis.*
Descendez dans ce lieu de fureur et de rage,
Vous entendrez les pleurs, les grincements de dents. †Venez.

Invitation à la Conversion

Serez-vous donc toujours rebelle
A la voix du Dieu souverain ?
Depuis longtemps il vous appelle,
Ah ! que ce ne soit plus en vain.
† Il en est temps, pécheur,
Revenez au Seigneur.   } *bis.*

Pour un plaisir si peu durable,
Qu'on goûte dans l'iniquité,
Faut-il que le Dieu tout aimable
De votre cœur soit rejeté ?   † Il en est.

C'est votre Dieu, votre seul maître,
Pour vous, ah ! quel est son amour
N'avez-vous de lui reçu l'être,
Que pour l'outrager chaque jour ?   † Il en est.

Connaissez votre ingratitude,
Pleurez votre déréglement !
Du péché rompez l'habitude,
Faites voir un vrai changement.   † Il en est.

En suivant sans cesse du crime
Les vrais, mais dangereux appas,
Vous tombez d'abîme en abîme :
Cependant vous n'y pensez pas.   † Il en est.

Dans cette triste léthargie,
Savez-vous quel est votre sort ?
Hélas ! vous semblez plein de vie,
Et devant Dieu, vous êtes mort.   † Il en est.

Vous méritez de sa colère
Les puissans, les terribles coups ;
Ah ! bientôt en juge sévère,
Il va lever son bras sur vous.   † Il en est.

Si d'une mort prompte, imprévue,
Vous recevez le coup fatal,
C'en est fait, votre âme est perdue ;
Et vous aimez encor le mal !   † Il en est.

Quoi donc, toujours être insensible
Au péril de l'éternité !
Non, il n'est rien de plus horrible
Que votre insensibilité.   † Il en est.

Pour sortir de votre esclavage,
Faites enfin tous vos efforts :
En tardant toujours davantage,
Vos fers en deviendront plus forts.   † Il en est.

O pauvre brebis égarée,
Pourquoi toujours vous obstiner ?
C'est ici l'heure désirée,
Où Dieu cherche à vous ramener.   † Il en est.

Invitation à servir Dieu

¶ Armons-nous, la voix du Seigneur,
Chrétiens, au combat nous appelle.
Ah ! voyez, voyez quelle est belle
La palme promise au vainqueur !
Elle est si noble, elle est si belle,
La palme promise au vainqueur !   *Fin.*

Tout le cours de notre existence
N'est qu'un long et rude combat ;
L'âme ferme que rien n'abat,
Seul obtiendra la récompense.   ¶ Armons-nous.

Du démon la voix menaçante
Rugit sans cesse autour de nous,
L'homme de foi craint peu ses coups,
Il rit de sa rage impuissante.   ¶ Armons-nous.

Que craignez-vous? Jésus vous guide ;
Rangez-vous sous son étendard ;
Que l'ennemi lance son dard ;
Vous avez l'invincible égide.   ♪ Armons-nous.

Courage, sous l'œil de Marie,
Courage, jusques à la mort :
Courage, vous touchez au port,
Bientôt vous verrez la patrie.   ♪ Armons-nous.

Je suis Chrétien.

† Je suis chrétien, voilà ma gloire,
Mon espérance et mon soutien,
Mon chant d'amour et de victoire.
Je suis chrétien, je suis chrétien.

Je suis chrétien, à mon baptême
L'eau sainte a coulé sur mon front.
La grâce en ce moment suprême,
De mon âme a lavé l'affront.   † Je suis, etc.

Je suis chrétien, j'ai Dieu pour père :
A sa loi je veux obéir ;
Avec sa grâce salutaire,
Pour lui je veux vivre et mourir.   † Je suis, etc.

Je suis chrétien, je suis le frère
De Jésus-Christ, mon rédempteur ;
L'aimer, le servir et lui plaire
Fera ma gloire et mon bonheur.   † Je suis, etc.

Je suis chrétien, je suis le temple
Du Saint-Esprit, du Dieu d'amour.
Celui que tout le ciel contemple
Possède mon cœur sans retour.   † Je suis, etc.

Je suis chrétien, ô sainte Église,
Je suis devenu votre enfant :
Plein d'amour, d'une foi soumise
Je suivrai votre enseignement.   † Je suis, etc.

Je suis chrétien, j'ai pour bannière
La croix de mon Jésus-Sauveur :
Mes ennemis me font la guerre,
Et je me ris de leur fureur.   † Je suis, etc.

Je suis chrétien, sur cette terre
Je passe comme un voyageur ;
Ici-bas tout n'est que misère,
Rien ne saurait remplir mon cœur. † Je suis, etc.

Je suis chrétien, ô ma patrie !
Beau ciel, j'irai te voir un jour :
En Dieu, je trouverai la vie,
La paix, le bonheur et l'amour.   † Je suis, etc.

Serment du Chrétien

Quelle nouvelle et sainte ardeur
En ce jour transporte mon âme ;
Je sens que l'Esprit créateur
De son feu tout divin m'enflamme.
† Vive Jésus ! je crois, je suis chrétien ;
Censeurs, je vous méprise :
Lancez, lancez vos traits, je ne crains rien,
Mon bras vainqueur les brise.

Il faut, dans un noble combat,
Pour vous, Seigneur, que je m'engage ;
Vous m'avez fait votre soldat,
Vous m'en donnerez le courage.   † Vive Jésus !

Du salut le signe sacré
Arme mon front pour ma défense,
Devant lui l'enfer conjuré
Prendra sa funeste puissance.   † Vive Jésus !

Le mépris d'un monde insensé
Pourrait-il m'alarmer encore ?
Loin de m'en trouver offensé,
Je sens aujourd'hui qu'il m'honore. †Vive Jésus !

Dans sa fureur l'impiété
Veut me ravir le Dieu que j'aime ;

Je veux, fort de la vérité,
Lui dire toujours anathème.   † Vive Jésus

On a vu de faibles agneaux
Triompher de l'aveugle rage
Et des tyrans et des bourreaux ;
Faible comme eux Dieu m'encourage.   † Vive.

Enfans des généreux martyrs,
Puissé-je égaler leur constance,
Et trouver mes plus doux plaisirs
Au sein même de la souffrance !   † Vive Jésus !

A la mort fallût-il s'offrir,
Ou perdre, hélas ! mon innocence !
Grand Dieu ! je consens à mourir,
Ne souffrez pas que je balance.   † Vive Jésus !

Chrétiens ! ranimons notre ardeur,
Contemplons la palme immortelle !
Le Ciel la promet au vainqueur,
Combattons et mourons pour elle ! † Vive Jésus !

Pour les Fêtes de la Ste Croix

Vive Jésus, vive sa croix ;
N'est-il pas bien juste qu'on l'aime,
Puisqu'en expirant sur ce bois,
Il nous aima plus que lui-même ?
Chrétiens, chantons à haute voix :   } bis.
Vive Jésus, vive sa croix.

Vive Jésus, vive sa croix,
Le Sauveur l'ayant épousée,
Elle n'est plus comme autrefois
Un objet d'horreur, de risée.   Chrétiens, etc.

Vive Jésus, vive sa croix ;
Arbre dont le fruit salutaire
Répare le mal qu'autrefois
Fit le péché du premier père.   Chrétiens, etc.

Vive Jésus, vive sa croix;
C'est l'étendard de la victoire,
Par elle il nous donna ses lois,
Par elle il entra dans sa gloire.   Chrétiens, etc.

Vive Jésus, vive sa croix;
De tous les biens source féconde,
Qui dans le sang du Roi des rois,
A lavé les péchés du monde.   Chrétiens, etc.

Vive Jésus, vive sa croix;
La chaire de son éloquence,
Où me prêchant ce que je crois,
Il m'apprend tout par son silence. Chrétiens, etc.

Vive Jésus, vive sa croix;
Ce n'est pas le bois que j'adore;
Mais c'est mon Sauveur sur ce bois,
Que je révère et que j'implore.   Chrétiens, etc.

Vive Jésus, vive sa croix;
Prenons-la pour notre partage,
Ce juste, cet aimable choix
Conduit au céleste héritage.   Chrétiens, etc.

Actions de grâces après la Communion

Mon cœur, en ce jour solennel,
Il faut enfin choisir un maître;
Balancer serait criminel,
Quand Dieu seul est digne de l'être.
† S'il le faut nous saurons souffrir,
Nous saurons souffrir,
Plutôt qu'abjurer la foi du divin Roi,
S'il le faut nous saurons souffrir,
Nous saurons souffrir,
Nous saurons mourir.

A qui doit-il appartenir,
Ce cœur qui vous doit l'existence,
Que vous avez daigné nourrir
De votre immortelle substance?   † S'il le faut, etc.

A chercher la félicité,
Hélas! en vain je me consume;
Loin de vous tout est vanité,
Déplaisir, tristesse, amertume.   † S'il le faut, etc.

Vous seul pouvez me rendre heureux,
Je le sens; oui, votre présence
A pleinement comblé mes vœux,
Et fixé ma longue inconstance.   † S'il le faut, etc.

Que sont tous les biens d'ici-bas?
Qu'ils ont peu de valeur réelle;
Tous ensemble ils ne peuvent pas
Satisfaire une âme immortelle.   † S'il le faut, etc.

Que puis-je désirer de plus?
Je possède mon Dieu lui-même.
Ah! tous les biens sont superflus,
Quand on jouit du bien suprême.   † S'il le faut, etc.

En vain, trop séduisans plaisirs,
Vous faites briller tous vos charmes,
Vous trompez toujours nos désirs,
Et vous finissez par des larmes.   † S'il le faut, etc.

Dans votre festin précieux,
Quelle innocente et douce ivresse!
O quels plaisirs délicieux
Me fait goûter votre tendresse!   † S'il le faut, etc.

Le monde prétend à tout prix
Qu'à suivre ses lois je m'engage;
Tu n'obtiendras que mon mépris,
Monde aussi trompeur que volage.   † S'il le faut, etc.

Vous m'avez dit avec douceur :
Mon enfant, prends mon joug aimable;
Quand on le porte avec ardeur,
Il est léger, doux, agréable.   †S'il le faut, etc.

Le Ciel

Le Ciel en est le prix !
Que ces mots sont sublimes !
Des plus belles maximes
Voilà tout le précis :
Le Ciel en est le prix.

Le Ciel en est le prix !
Mon âme, prends courage :
Ah ! si dans l'esclavage
Ici-bas tu gémis,
Le Ciel en est le prix.

Le Ciel en est le prix !
Amusement frivole,
De grand cœur je l'immole
Aux pieds du crucifix ;
Le Ciel en est le prix.

Le Ciel en est le prix !
La loi commande-t-elle ?
Fût-ce une bagatelle,
N'importe, j'obéis ;
Le Ciel en est le prix.

Le Ciel en est le prix !

Un rien, Seigneur, vous
        charme ;
Que faut-il ? une larme :
Qui n'en serait surpris ?
Le Ciel en est le prix.

Le Ciel en est le prix !
Rends pour moi ce service...
Fais-moi ce sacrifice...
Dieu parle, j'y souscris ;
Le Ciel en est le prix.

Le Ciel en est le prix !
Endurons cette injure :
L'amour-propre en murmure ;
Mais tout bas je lui dis :
Le Ciel en est le prix.

Le Ciel en est le prix !
Dans l'éternel Empire,
Qu'il sera doux de dire :
Tous mes maux sont finis,
Le Ciel en est le prix !

Pour la Communion.

† Le voici l'Agneau si doux
Le vrai pain des anges
Du ciel il descend pour nous :
Adorons-le tous.

C'est un tendre père,
C'est le bon pasteur,
Un ami sincère,
Notre bon Sauveur.
    † Le voici.

C'est la sainte hostie,
Le vrai pain des cieux,
D'éternelle vie,
Gage précieux.
    † Le voici.

Céleste modèle

D'aimable douceur,
Tous, il nous appelle,
Courons à son cœur.
    † Le voici.

Le Dieu de lumière,
Astre bienfaisant,
Entend la prière
Du pauvre et du grand.
    † Le voici.

Sa sainte présence
Remplit notre cœur
De reconnaissance,
D'amour, de bonheur.
    † Le voici.

Par toi, saint mystère,

Objet de ma foi,
Je crois, je révère
Mon maître et mon roi.
  † Le voici.
 De mon espérance
Gage précieux,
Viens par ta présence
Combler tous mes vœux.
  † Le voici.
 De la vive flamme,
Feu du saint amour,
Couronne mon âme
En cet heureux jour.
  † Le voici.
Mais de ma misère,

Dieu de sainteté,
Que l'aveu sincère
Touche ta bonté.
  † Le voici.
 Epoux de mon âme,
Entends mes soupirs;
Mon cœur te réclame
Remplis mes désirs.
  † Le voici.
 Le voici, silence !...
Oh ! quelle faveur !
Mon Jésus s'avance,
Il vient dans mon cœur.
  † Le voici.

Autre.

Venez, mon Dieu, venez, mon doux Sauveur,
Venez régner au centre de mon cœur.

Voici votre brebis, Pasteur incomparable,
Qui languit à vos pieds, médecin charitable;
  Venez, mon Dieu, etc.

Recevez votre enfant, ô Père débonnaire;
Voyez couler ses pleurs, écoutez sa prière.
  Venez, mon Dieu, etc.

Sans cesse je gémis, sans cesse je soupire :
Je suis tout hors de moi, soulagez mon martyre.
  Venez, mon Dieu, etc.

Pour terminer mes maux, ô bonté tout aimable,
Permettez-moi d'aller à votre sainte Table.
  Venez, mon Dieu, etc.

O Victime d'amour ! ô salutaire Hostie !
O pain délicieux ! redonne-moi la vie.
  Venez, mon Dieu, etc.

Pour vous donner à nous, divin Sauveur des hommes,
Consultez vos bontés et non ce que nous sommes.
  Venez, mon Dieu, etc.

QUEL bonheur ! votre voix au banquet nous convie,
Et daigne nous offrir la sainte Eucharistie !
    Venez, mon Dieu, etc.

OUI, c'est Jésus lui-même, et non pas sa figure,
Qui dans ce Sacrement se donne en nourriture.
    Venez, mon Dieu, etc.

JE suis tout embrasé de sa divine flamme,
Jésus-Christ vit en moi ; c'est l'âme de mon âme.
    Venez, mon Dieu, etc.

SEIGNEUR, pour vos bienfaits, tout à vous je me donne,
Cœur, esprit, biens, talens, et toute ma personne.
    Venez, mon Dieu, etc.

Actions de grâces après la Communion.

    ¶ CHANTONS en ce jour
Jésus et sa tendresse extrême,
    Chantons en ce jour
Et ses bienfaits et son amour.   *Fin.*

    Il a daigné lui-même
    Descendre dans nos cœurs ;
    De son amour extrême
    Célébrons les douceurs.   ¶ Chantons.

    ¶ O DIEU de grandeur !
Plein de respect, je vous révère ;
    O Dieu de grandeur !
J'adore dans vous mon Seigneur.   *Fin.*

    Si ce profond Mystère
    Vient éprouver ma foi,
    C'est l'amour qui m'éclaire
    Et vous découvre en moi.   ¶ O Dieu.

    ¶ Mon divin Époux,
Mon âme à vous seul s'abandonne ;
    Mon divin Epoux,
Mon âme n'a d'espoir qu'en vous.   *Fin.*

    Que l'enfer gronde et tonne,

Qu'il s'arme de fureur,
Il n'a rien qui m'étonne,
Jésus est dans mon cœur.   ℣ Mon divin.

℣ Aimons le Seigneur,
Ne cherchons jamais qu'à lui plaire ;
...Aimons le Seigneur.
Il sera seul notre bonheur.   *Fin.*

Ami le plus sincère,
Généreux bienfaiteur,
Il est plus, il est père :
Donnons-lui notre cœur.   ¶ Aimons.

¶ Pour tous vos bienfaits,
Que vous offrir, ô divin Maître?
Pour tous vos bienfaits,
Je me donne à vous pour jamais.   *Fin.*

En moi j'ai senti naître
Les transports les plus doux,
Quand j'ai pu vous connaître
Et m'attacher à vous.   ¶ Pour tous.

¶ O Dieu tout-puissant !
Par votre aimable Providence,
O Dieu tout-puissant !
Conservez mon cœur innocent.   *Fin.*

Dès ma plus tendre enfance,
Vous guidâtes mes pas ;
Gardez mon innocence,
Couronnez mes combats.   ¶ O Dieu.

Sentiments de joie et d'amour
APRÈS LA SAINTE COMMUNION.

J'ai mon âme
Toute de flamme ;
J'ai mon Sauveur
Au milieu de mon cœur ;
§ Grâce, grâce, grâce à l'a-
mour
Qui triomphe de mon cœur

en ce jour.
Quel prodige!
Un Dieu m'oblige :
Tous ses bienfaits
Surpassent mes souhaits ;
§ Grâce, grâce, etc.
Puis-je dire,

Sans que j'expire :
J'ai dans mon sein
Mon Dieu, mon Souverain?
§ Grâce, grâce, etc.
     CIEL et terre,
  Ah! quel mystère!
  Le Saint des Saints
Se rabaisse à tel point;
§ Grâce, grâce, etc.
     GRAND Monarque,
  Ah! quelle marque
  De vos faveurs
Pour de pauvres pécheurs!
§ Grâce, grâce, etc.
     SA tendresse

Vers nous s'empresse :
  Ah ! qu'il est doux
D'avoir un tel époux !
§ Grâce, grâce, etc.
     POUR vous suivre,
  Je ne veux vivre
  Qu'un seul instant,
Pour vous dire en soupirant :
§ Grâce, grâce, etc.
     AH! mon âme,
  Meurs ou te pâme
  Si tu le peux :
Du moins chante en ces lieux :
§ Grâce, grâce, etc.

Actions de grâces après la Communion.

L'ENCENS divin embaume cet asile.
Quels doux concerts! quels chants mélodieux
Mon cœur se tait, et mon âme est tranquille :
La paix du ciel habite dans ces lieux.
     † O pain de vie!
     O mon bonheur!
     L'âme ravie
Trouve en vous son bonheur.

POUR embellir le temple de mon âme,
Le Très-Haut daigne y fixer son séjour :
Je le possède; il m'inspire, il m'enflamme,
Je l'ai trouvé : je l'aime sans retour.   † O pain.

QUE votre joug, ô Jésus est aimable;
Que vos traits sont saints et ravisants!
Vous m'enivrez d'une joie ineffable,
Vous m'attirez par vos charmes puissants.   † O pain.

JE vous adore au dedans de moi-même,
Je vous contemple à l'ombre de la foi.
O Dieu, mon tout ! ô majesté suprême !
Je ne vis plus! mais Jésus vit en moi.   † O pain.

Rénovation des Vœux du Baptême

J'ENGAGEAI ma promesse au baptême ;
Mais pour moi d'autres firent serment :
Dans ce jour je vais parler moi—même,
Je m'engage aujourd'hui librement.
Je m'engage (*bis*), aujourd'hui librement.
Je m'engage (*ter*), aujourd'hui librement.

JE crois donc en un Dieu trois personnes ;
De mon sang je signerais ma foi :
Faible esprit, vainement tu raisonnes ;
Je m'engage à le croire, et je croi.
    Je m'engage, etc.

A LA foi de ce premier mystère
Je joindrai la foi d'un Dieu Sauveur ;
Sous les lois de l'Eglise ma mère,
Je m'engage et d'esprit et de cœur.
    Je m'engage, etc.

SUR ces Fonts, dans une eau salutaire,
Pour enfant Dieu daigna m'adopter ;
Si j'en ai souillé le caractère,
Je m'engage à le mieux respecter.
    Je m'engage, etc.

JE renonce aux pompes de ce monde,
A la chair, à tous ses vains attraits :
Loin de moi, Satan, esprit immonde,
Je m'engage à te fuir pour jamais.
    Je m'engage, etc.

FAUX plaisirs, source infâme de vices,
Trop longtemps vous fûtes mon amour,
Je renonce à vos fausses délices,
Je m'engage à Dieu seul sans retour.
    Je m'engage, etc.

OUI, mon Dieu, votre seul Evangile
Règlera mon esprit et mes mœurs :

Dussiez-vous en frémir, chair fragile,
Je m'engage à toutes ses rigueurs.
    Je m'engage, etc.

Ah ! Seigneur, qui sait bien vous connaître,
Sent bientôt que votre joug est doux,
C'en est fait, je n'ai point d'autre maître ;
Je m'engage à ne servir que vous.
    Je m'engage, etc.

Sur vos pas, ô mon divin modèle,
Plus heureux qu'à la suite des rois,
Plein d'horreur pour ce monde infidèle,
Je m'engage à porter votre croix.
    Je m'engage, etc.

Si le ciel, d'un moment de souffrance,
Doit, Seigneur, être le prix un jour,
Animé par cette récompense,
Je m'engage à tout pour votre amour.
    Je m'engage, etc.

Bonheur de servir Dieu

Goûtez, âmes ferventes,
Goûtez votre bonheur,
Mais demeurez constantes
Dans votre sainte ardeur.
§ Heureux le cœur fidèle
Où règne la ferveur,
On possède avec elle
Tous les dons du Seigneur. *b.*

Elle est le vrai partage
Et le sceau des élus ;
Elle est l'appui, le gage
Et l'âme des vertus.
    § Heureux, etc.

Par elle la foi vive
S'allume dans les cœurs,
Et sa lumière active
Guide et règle nos mœurs.
    § Heureux, etc.

Par elle l'espérance
Ranime ses soupirs,
Et croit jouir d'avance
Des célestes plaisirs.
    § Heureux, etc.

Par elle dans les âmes
S'accroît, de jour en jour,
L'activité des flammes
Du pur et saint amour.
    § Heureux, etc.

C'est sa vertu puissante
Qui garantit nos sens

De l'amorce attrayante
Des plaisirs séduisans.
§ Heureux, etc.

C'est sous sa vigilance
Que l'esprit et le cœur
Gardent leur innocence,
Et souvent leur pudeur.
§ Heureux, etc.

C'est elle qui de l'âme
Dévoile la grandeur ;
Et le zèle s'enflamme
Par sa vive chaleur.
§ Heureux, etc.

De l'âme pénitente
Elle adoucit les pleurs,
Et de l'âme souffrante
Elle éteint les douleurs.
§ Heureux, etc.

Celui qui fut docile
A vivre sous ses lois,
Courut d'un pas agile
La route de la croix.
§ Heureux, etc.

Par elle du martyre
Les sanglantes rigueurs,
Au cœur qui le désire,

N'offrent que des douceurs.
§ Heureux, etc.

Elle est, pour qui seconde
Ses généreux efforts,
Une source féconde
De célestes trésors.
§ Heureux, etc.

Une larme sincère,
Un seul soupir du cœur,
Par elle a de quoi plaire
Aux yeux purs du Seigneur.
§ Heureux, etc.

C'est elle qui prépare
Tous ses traits de beauté
Dont la main de Dieu pare
Les saints dans sa clarté.
§ Heureux, etc.

Sous ces heureux auspices
On goûte les bienfaits,
Les charmes, les délices
De la plus douce paix.
§ Heureux, etc.

Mais, sans sa vive flamme
Tout déplaît, tout languit,
Et la beauté de l'âme
Se fane et dépérit. § Heureux.

Cantique du Départ

† Avant de quitter notre Maître,
Jetons-nous dans son divin Cœur.
C'est là que nous pourrons nous promettre
De trouver la paix et le bonheur.
Avant, etc.

Marie, ô bonne et tendre mère,
Recevez aussi nos adieux ;
Priez Jésus, notre aimable frère,
De diriger nos pas vers les cieux.
Marie, etc.

Nos bons Anges, gardiens fidèles,
Eclairez, guidez tous nos pas ;
C'est Dieu qui nous plaça sous vos ailes,
Amis, ne nous abandonnez pas
    Nos bons Anges.
    SAINT Joseph, époux de Marie,
Prenez pitié de notre sort :
Protégez-nous durant cette vie,
Protégez-nous, surtout à la mort.
    Saint, etc.

Actions de Grâces

¶ BÉNISSONS à jamais
Le Seigneur dans ses bienfaits
Bénissons à jamais
Le Seigneur dans ses bienfaits
   BÉNISSEZ-LE, saints Anges
Louez sa Majesté,
Rendez à sa bonté
Mille et mille louanges.
   ¶ Bénissons, etc.
   OH ! que c'est un bon Père !
Qu'il a grand soin de nous !
Il nous supporte tous,
Malgré notre misère.
   ¶ Bénissons, etc.
   COMME un pasteur fidèle,
Sans craindre le travail ;
Il ramène au bercail
Une brebis rebelle.
   ¶ Bénissons, etc.
   IL a brisé mes chaînes,
Comme un puissant vain-
    queur,
Et comme un doux Sauveur,
Il a banni mes peines.
   ¶ Bénissons, etc.
   IL a guéri mon âme,
Comme un bon médecin ;
Comme un maître divin,

Il m'éclaire, il m'enflamme.
   ¶ Bénissons, etc.
   IL me comble à toute heure
De grâce, de bienfaits ;
Dans mon cœur pour jamais
Il a pris sa demeure.
   ¶ Bénissons, etc.
   QU'AVEC moi tout publie
Un Dieu si plein d'amour ;
A l'aimer sans retour
Consacrons notre vie.
   ¶ Bénissons, etc.
   SA bonté me supporte,
Sa lumière m'instruit,
Sa beauté me ravit,
Son amour me transporte.
   ¶ Bénissons, etc.
   OUI, sa douceur m'enchaîne
Sa grâce me guérit,
Sa force m'affermit,
Sa charité m'entraîne.
   ¶ Bénissons, etc.
   DIEU seul est ma tendresse,
Dieu seul est mon soutien,
Dieu seul est tout mon bien,
Ma vie et ma richesse.
   ¶ Bénissons, etc.

Psaume 112

Laudate, pueri, Dominum : * laudate nomen Domini.
 Quoi je pourrais, Seigneur,
 Te méconnaître un jour,
 Ah ! plutôt expirer
 Qu'abjurer ton amour.

Sit nomen Domini benedictum, * ex hoc nunc, et usque in seculum.

A solis ortu usque ad occasum * laudabile nomen Domini.

Excelsus super omnes gentes Dominus, * et super cœlos gloria ejus.

Quis sicut Dominus Deus noster, qui in altis habitat, * et humilia respicit in cœlo et in terra ?

Suscitans a terra inopens, * et de stercore erigens pauperem ;

Ut collocet eum cum principibus, * cum principibus populi sui.

Qui habitare facit sterilem in domo, * matrem filiorum lætantem.

CANTIQUES A LA SAINTE VIERGE.

—

 Unis aux concerts des anges,
 Aimable Reine des cieux,
 Nous célébrons vos louanges,
 Par nos chants mélodieux.

 † De Marie,
 Qu'on publie,
 Et la gloire et les grandeurs :
 Qu'on l'honore,
 Qu'on l'implore,
 Qu'elle règne sur nos cœurs !

 Auprès d'elle la nature
 Est sans grâce et sans beauté,

Les cieux perdent leur parure,
L'astre du jour sa clarté.   † De Marie.

C'est le lis de la vallée
Dont le parfum précieux,
Sur la terre désolée,
Attira le Roi des cieux.   † De Marie.

C'est l'auguste sanctuaire
Que le Dieu de majesté
Inonda de sa lumière,
Embellit de sa beauté !   † De Marie.

C'est la Vierge incomparable,
Gloire et salut d'Israël,
Qui, pour un monde coupable,
Fléchit le courroux du Ciel.   † De Marie.

Pour tout dire c'est Marie !
Dans ce nom, que de douceur
Nom d'une mère chérie,
Nom, doux espoir du pécheur.   † De Marie.

Ah ! vous seuls pouvez nous dire,
Mortels qui l'avez goûté,
Combien doux est son empire,
Combien grande est sa bonté.   † De Marie.

Oui, je veux, ô tendre Mère,
Jusqu'à mon dernier soupir
T'aimer, te servir, te plaire,
Et pour toi vivre et mourir.   † De Marie.

Autre.

Je mets ma confiance,
Vierge en votre secours ;
Servez-moi de défense,
Prenez soin de mes jours.
Et quand ma dernière heure
Viendra fixer mon sort,
Obtenez que je meure
De la plus sainte mort.   *bis.*

A votre bienveillance,
O Vierge, j'ai recours ;
Soyez mon assistance
En tous lieux et toujours ;
Vous-même êtes ma Mère,
Jésus est votre Fils,
Portez-lui la prière
De vos enfants chéris.   *bis.*

Sainte Vierge Marie,
Asile des pécheurs,
Prenez part, je vous prie,
A mes justes frayeurs.
Vous êtes mon refuge :
Votre Fils est mon roi,
Mais il sera mon juge :
Intercédez pour moi.   *bis.*

Je promets pour vous plaire
O Reine de mon cœur,
De ne jamais rien faire
Qui blesse votre honneur,
Je veux que, par hommage,
Ceux qui me sont sujets,
En tous lieux, à tout âge,
Prennent vos intérêts.   *bis.*

Ah ! soyez-moi propice,
Quand il faudra mourir :
Apaisez sa justice,
Je crains de la subir.
Mère pleine de zèle,
Protégez votre enfant :
Je vous serai fidèle
Jusqu'au dernier instant. *bis.*

Voyez couler mes larmes,
Mère du pur amour,
Finissez mes alarmes
Dans ce triste séjour.
Venez rompre ma chaîne,
Je veux aller à vous :
Aimable Souveraine,
Régnez, régnez sur nous. *bis.*

Autre.

† Au secours ! Vierge Marie,
Hâte-toi, viens sauver mes jours ;
C'est ton enfant qui t'en supplie,
Vierge Marie, sauve mes jours ;
Vierge Marie, au secours ! au secours !

O Mère pleine de tendresse,
Vers toi les pauvres matelots
Lèvent les yeux dans la détresse,
Et soudain tu calmes les flots   † Au secours.

Egaré sur la mer du monde,
Mon esquif vogue loin du port ;
En écueils elle est si féconde !
Hélas ! quel sera donc mon sort ?   † Au secours.

Le bruit affreux de la tempête
S'approche et gronde avec fureur ;
Il mugit, roule sur ma tête :
Mon front se glace de frayeur !   † Au secours.

Tu le vois, ma frêle nacelle
Est le jouet de l'ouragan ;

Marie! étends sur moi ton aile ;
Sauve-moi, je suis ton enfant !   † Au secours.

La mort, de sa triste victime
N'attend que le dernier soupir ;
Je tombe au fond du noir abîme.
Si tu ne viens me secourir.   † Au secours.

Il m'en souvient, sainte Patronne
Mille fois tu sauvas mes jours ;
N'entends-tu pas ? la foudre tonne,
Au secours ! Marie ! Au secours !   † Au secours.

Parais, étoile tutélaire,
Chasse les ombres de la mort ;
Que ta bienfaisante lumière
Me montre le chemin du port.   † Au secours.

Autre.

Je veux célébrer par mes louanges,
La gloire de la Reine des cieux,
Et m'unissant aux concerts des Anges,
Je m'engage à la chanter comme eux,
Je m'engage à la chanter comme eux.

Sur vos pas, ô divine Marie,
Plus heureux qu'à la suite des rois,
Dès ce jour, et pour toute ma vie,
Je m'engage à vivre sous vos lois.   Je, etc.

Si, du monde écoutant le langage,
Du plaisir j'ai cherché les attraits,
A vous posséder seule en partage,
Je m'engage aujourd'hui pour jamais.   Je, etc.

Admire ton bonheur, ô mon âme,
Le ciel même en doit être jaloux,
Puisqu'en suivant l'ardeur qui t'enflamme,
Tu t'engages aux devoirs les plus doux.   Tu, etc.

Par un culte constant et sincère,
Par un vif et généreux amour,
A servir, à chérir une Mère,
Tu t'engages aujourd'hui sans retour,   Tu, etc.

Mais si tu veux lui marquer ton zèle,
Et participer à son bonheur,
Il faut qu'à suivre en tout ce modèle
Tu t'engages et d'esprit et de cœur.   Tu, etc.

    Mère sensible et compatissante,
Soutenez au milieu des combats,
Les efforts d'une âme pénitente,
Qui s'engage à marcher sur vos pas.   Qui, etc.

    Tu n'es plus qu'une terre étrangère
Pour moi, monde volage et trompeur ;
Je ne veux plus que servir ma mère
Qui s'engage à faire mon bonheur.   Qui, etc.

    Unissez vos voix peuple fidèle,
Aux accords des esprits bienheureux,
Pour chanter les louanges de celle
Qui s'engage à combler tous nos vœux.   Qui, etc.

Autre

Je vous salue, Marie,
Mère de mon Sauveur ;
Je vous offre ma vie
Et les vœux de mon cœur.
℟ Reine toute-puissante,
Salus infirmorum :
Vierge chaste et prudente,
Ave, Regina cœlorum.

O sublime merveille
De la terre et des cieux !
Étoile sans pareille,
Vous brillez en tous lieux.
℟ Reine.

Daignez, Reine des Anges,
Écouter nos accens,
Nous chantons vos loüanges,
Protégez vos enfans.
℟ Reine.

Celui qui tient le monde
Dans sa puissante main,

Vierge pure et féconde,
Repose en votre sein.
℟ Reine.

L'enfer dans sa furie
S'agite contre nous ;
Je viens, tendre Marie,
Me cacher près de vous.
℟ Reine.

De ma vertu fragile
Vous serez le soutien,
Sous votre aimable asile,
Non, je ne crains plus rien.
℟ Reine.

Oui, sous votre puissance
Est votre divin Fils ;
Il dut dès son enfance,
Être à vos lois soumis.
℟ Reine.

Pour m'aider à lui plaire
Ainsi qu'à le servir,

Dites-lui, bonne Mère, | Votre Fils est mon roi ;
Qu'il daigne me bénir. | Il doit être mon juge,
   ¶ Reine. | Intercédez pour moi.
Vous êtes mon refuge, | ¶ Reine.

Autre

§ O Marie, ô Mère chérie,
Garde au cœur des français la foi des anciens jours,
Entends du haut du ciel ce cri de la patrie :
   Catholique et français toujours !
Entends du haut du ciel ce cri de la patrie :
   Catholique et français toujours !
   Catholique et français toujours !

   AUTOUR de la source bénie,
Tombe à genoux peuple chrétien !
Et que ta bannière chérie,
S'incline en ce lieu trois fois saint !   § O Marie.

   VIERGE de Lourdes, notre égide,
Ton peuple ne veut pas mourir ;
Ecrase un ennemi perfide ;
Empêche la foi de périr.   § O Marie.

   CONSOLE-TOI, Vierge Marie,
La France revient à son Dieu ;
Viens, souris à notre patrie,
D'être chrétienne elle a fait vœu.   § O Marie.

   ELLE assiége le sanctuaire !
Elle accourt dans tes saints parvis,
Grâce, grâce, ô puissante Mère,
Fléchis le cœur du Dieu ton Fils !   § O Marie.

   DIEU pardonne au peuple qui vole
Partout où Marie a parlé...
A ce spectacle qui console,
L'esprit du mal a reculé...   § O Marie.

   AINSI qu'au grand jour de Lépante,
Où tu foudroyas le Croissant,
Que ton nom sème l'épouvante
Parmi les hordes de Satan.   § O Marie.

ELLE reviendra notre gloire...
Elle revivra notre foi...
Nous retrouverons la victoire
Sous le drapeau du divin Roi.   § O Marie.

OUI, la France est toujours fidèle
A l'Eglise, au Pontife-Roi,
Elle est à toi, veille sur elle ;
Garde-lui son Christ et sa Foi.   § O Marie.

Autre

† Marie, ô douce Mère,
Priez pour nous (*ter*) pécheurs ;
Et par votre prière,
Convertissez (*ter*) nos cœurs.

VIERGE Marie, ô ma libératrice,
Vous que jamais on ne supplie en vain.
Je marche, hélas ! au bord d'un précipice ;
Pour me sauver, ah ! tendez-moi la main. † Marie.

J'AI tant de fois dans ma folle jeunesse,
De mon baptême oublié les serments !
Ne dois-je pas pleurer, pleurer sans cesse,
Sur mon malheur et mes égarements !   † Marie.

J'AI tant de fois, dans ma coupable vie,
Foulant aux pieds le sang de mon Sauveur,
Percé le cœur de la Vierge Marie !
Pardon, mon Dieu, grâce pour le pécheur † Marie.

J'AI tant de fois, d'une main trop cruelle,
Comme un bourreau flagellé mon Jésus !...
Pour vous, mon Dieu, que tout mon sang ruisselle.
Et que mes pleurs ne se tarissent plus.   † Marie.

J'AI tant de fois enfoncé des épines,
Sur votre front, et même en votre cœur !
O doux Jésus ! à vos larmes divines
Laissez s'unir mes larmes de douleur.   † Marie.

J'AI tant de fois, douce Vierge Marie,
Crucifié Jésus, votre cher Fils !

Plein de regrets, je veux, toute ma vie,
Pleurer, gémir aux pieds du crucifix.   ✝ Marie.

O TENDRE Mère, en toute confiance,
C'est dans vos bras que je viens me cacher:
Voyez mes maux, mes pleurs, ma pénitence,
Tous mes soupirs, et laissez-vous toucher.
      ✝ Marie, etc.

Autre.

✝ BONNE Marie,
Mère chérie,
Tu veux que je sois ton enfant :
Bonne Marie,
Mère chérie ;
Je le suis…, j'en fais le serment.   *bis.*

Du ciel, à mon âme ravie,
J'entends redire à tout instant :
« Mon fils, seras-tu de Marie,
» Pour jamais, seras-tu l'enfant? »   ✝ Bonne.

POUR toi mon amour est sincère,
Pour moi, le tien l'est-il autant?
Moï, je t'aime comme une Mère,
Toi, m'aimes-tu comme un enfant?   ✝ Bonne.

Du monde si la voix impie
Te dit : » Renonce à tes sermens, »
Réponds-lui : « Je suis à Marie,
» Pour jamais, je suis son enfant! »   ✝ Bonne.

ET quand, un jour à la lumière
Se fermera ton œil mourant,
Ne crains pas que la bonne Mère
Abandonne alors son enfant.   ✝ Bonne.

CONDUIT par moi dans la patrie,
Où l'éternel bonheur t'attend,
Tu t'écrieras : « Oh ! de Marie;
» Oh ! qu'il est doux d'être l'enfant! »   ✝ Bonne.

Chapelet de Notre-Dame de Lourdes,

I.

1. L'heure était venue,
Où l'airain sacré,
De sa voix connue,
Annonçait l'*Ave*.
    Ave, ave, ave Maria !
Ave, ave, ave Maria !

2. D'une main discrète,
L'Ange la prenant,
Conduit Bernadette
Au bord du torrent.   Ave...

3. Un souffle qui passe
Avertit l'enfant
Qu'une heure de grâce
Sonne en ce moment. Ave...

4. Sur Massabielle,
Son œil voit soudain
L'éclat qui révèle
L'Astre du matin.   Ave...

5. C'est un doux visage,
Rayonnant d'amour,
Qu'entoure un nuage
Plus beau que le jour. Ave...

6. Son regard s'inspire
D'un reflet divin ;
Mais un doux sourire
Dit : Ne craignez rien ! Ave...

7. Elle a la parure
D'un lis immortel ;
Elle a pour ceinture
Un ruban du ciel.   Ave...

8. On voit une rose
Sur ses pieds bénis,
Fraîchement éclose
Dans le paradis.   Ave...

9. On voit un rosaire
Glisser dans sa main,
Et de la prière
Tracer le chemin   Ave...

10. L'âme palpitante,
Le cœur enivré,
L'heureuse voyante
Répétait : *Ave !*   Ave...

II.

1. L'extase s'achève ;
Le monde revient :
L'enfant se relève,
Disant : A demain :   Ave...

2. Avant chaque aurore
Son cœur en éveil
Par soupirs implore
L'heure du réveil.   Ave...

3. « Mère de la terre,
Ne défendez pas
D'aller voir la Mère
Qui paraît là-bas !   Ave...

4. » Elle était si belle !
Je veux la revoir...
Que désire-t-elle ?
Je veux le savoir. »   Ave...

5. Colombe fidèle,
Elle prend l'essor,
Vole à tire-d'aile
Au nouveau Thabor.   Ave...

6. « O Dame chérie,
Que demandez-vous ?
Parlez, je vous prie,
Et dites-le-nous ! »   Ave...

7. « Avec vos compagnes
Venez quinze fois,
Près de ces montagnes,
Ecouter ma voix.   Ave...

8. » Enfant généreuse,
Je vous le promets,
Vous serez heureuse
Au ciel pour jamais. » Ave...

9. « Si vous êtes bonne
Le monde est méchant ;
Il ne me pardonne
De vous voir souvent. Ave...

10. » Le savant s'offense
De votre bonté ;
Je n'ai pour défense
Que la vérité. »   Ave...

III.

1. Près de la voyante,
Au lever du jour,
La foule croyante
Se rend tour à tour.   Ave...

2. La pauvre bergère,
Comme un séraphin,
Du ciel à la terre
Franchit le chemin.   Ave...

3. La voilà ravie
Dans cette Beauté
Que le temps envie
À l'Eternité !   Ave...

4. De son blanc visage
Les traits allongés
Vers la sainte Image
Semblent emportés.   Ave...

5. Pendant sa prière,
Brille sur son front
La pure lumière
De la Vision.   Ave...

6. Le peuple fidèle
Admire à genoux
De l'aube éternelle
Le reflet si doux.   Ave...

7. *Qu'avez-vous,* Madame ?
Murmura l'enfant,
D'où vient que votre âme
Est triste à présent ? Ave...

8. *Que faudrait-il faire*
Pour tarir vos pleurs ?
— « *Prier,* dit la Mère,
Pour tous les pécheurs. Ave.

9. » Je veux qu'ici même
En procession
Le peuple qui m'aime
Invoque mon nom.   Ave...

10. » Que d'une *chapelle*
Le marbre béni
Aux âges rappelle
Mon séjour ici. »   Ave...

IV.

1. O profond mystère
D'un profond amour !
Faut-il qu'une Mère
Trahisse à son tour ! Ave..

2. Deux fois Bernadette
Vient aux lieux aimés ;
Deux fois sur sa tête
Les cieux sont fermés. Ave...

3. « O Dame clémente,
Ne savez-vous pas
Qu'à votre voyante
On livre combats ? » Ave...

4. « Enfant, prends courage,
Et bannis l'effroi ;
Il faut que l'orage
Eprouve la foi. »   Ave...

5. « Elle m'est rendue,
Elle reparaît ;
Je goûte en sa vue
Un nouvel attrait !   Ave...

6. » Vision chérie,
Source de douceurs ,
Mettez, je vous prie,
Comble à vos faveurs. Ave...

7. » On demande un gage
A votre bonté ;
Rendez témoignage
A la vérité.   Ave...

8. » Que sur cette épine,
Et sous votre pied ,
Une fleur divine
Pousse à l'églantier ! Ave...

9. Par un doux sourire
Accueillant ses vœux,
Elle sembla dire :
Je donnerai mieux.   Ave...

10. La fleur éphémère
Se dessèche et meurt ;
Le cœur d'une mère
N'est point cette fleur. Ave...

V.

1. « *A cette fontaine*
Allez maintenant ;
L'eau dont elle est pleine,
Voilà mon présent. » Ave...

2. L'enfant prend sa course
Vers l'eau du torrent ;
Un signe à la source
Ramène l'enfant.   Ave...

3. Ses doigts de la terre
Déchirent le sein ;
D'humide poussière
Elle emplit sa main.   Ave...

4. Fontaine de vie,
Qui peut désormais
De ton eau bénie
Compter les bienfaits ?.. Ave.

5. Et vous dont la terre
Admire le don,
Céleste Étrangère,
Quel est votre nom ? Ave...

6. A votre servante
Qui prie à genoux,
A votre voyante
Le cacherez-vous ?   Ave...

7. Au cœur de sa mère
Quatre fois l'enfant
D'une humble prière
Fait monter l'accent. Ave...

8 Paraît cette Fête
Où de Gabriel
L'Église répète
L'*Ave* solennel.   Ave...

9. La Beauté rayonne
D'un nouveau reflet ;
La Vierge abandonne
Son dernier secret.   Ave...

10. A sa bien-aimée,
L'Apparition
De l'*Immaculée*
Prononce le nom.   Ave..

VI.

1. Sainte Messagère,
Remontez aux cieux,
Et de notre terre
Portez-y les vœux ! Ave...

2. *Vous vouliez du monde...*
Et de tous côtés,
Il vient, il abonde,
Il est à vos pieds.   Ave...

3. Salut, ô Vallée,
O Trône d'amour,
Où l'Immaculée
A pris son séjour !   Ave...

4. Avec son Image,
Avec ses bienfaits,
Ta *Grotte* sauvage
N'est plus sans attraits. Ave.

5. La fontaine y coule
Sans jamais tarir
Ainsi vient la foule
Sans jamais finir.   Ave...

6. Pieux Sanctuaire,
Tu les vis présents
De la France entière
Les nobles enfants !   Ave...

7. Ta voûte sacrée,
Depuis ce grand jour,
De chaque contrée
A vu le retour.   Ave...

8. Du Trône de grâce
On sait le chemin ;
Le pèlerin passe
Et passe sans fin.   Ave...

9. Heureux qui voyage
En ces lieux bénis !
On y prend passage
Pour le paradis.   Ave...

10. Astre salutaire,
Que votre rayon
Nous mène à la terre
De la Vision !   Ave...

Cantique du Sacré-Cœur.

PITIÉ, mon Dieu ! c'est pour notre patrie
Que nous prions au pied de ton autel
Les bras liés et la face meurtrie,
Elle a porté ses regards vers le ciel.

§ Dieu de clémence,
O Dieu vainqueur,
Sauvez Rome et la France   } *bis.*
Au nom du Sacré-Cœur.

PITIÉ, mon Dieu ! Sur un nouveau Calvaire
Gémit le Chef de votre Église en pleurs ;
Glorifiez le successeur de Pierre
Par un triomphe égal à ses douleurs.   § Dieu, etc.

PITIÉ, mon Dieu ! La Vierge immaculée,
N'a pas en vain fait entendre sa voix ;
Sur notre terre ingrate et désolée
Les fleurs du ciel croîtront comme autrefois. § Dieu, etc.

PITIÉ, mon Dieu ! pour tant d'hommes fragiles ;
Vous outrageant, sans savoir ce qu'ils font ;

Faites renaître, en traits indélébiles,
Le sceau du Christ, imprimé sur leur front! § Dieu, etc.

    PITIÉ, mon Dieu! Votre Cœur adorable
A nos soupirs ne sera pas fermé;
Il nous convie au mystère ineffable
Qui ravissait l'Apôtre bien-aimé. § Dieu, etc.

    PITIÉ, mon Dieu! Que la source de vie
Auprès de nous ne coule pas en vain.
Mais qu'en ces lieux Marguerite-Marie
Nous associe à son tourment divin. § Dieu, etc.

    PITIÉ, mon Dieu! Quand à votre servante
De votre cœur vous dévoiliez l'amour,
Vous avez vu la France pénitente
A ce trésor venant puiser un jour. § Dieu, etc.

    PITIÉ, mon Dieu! Trop faibles sont nos âmes
Pour désarmer votre juste courroux :
Embrasez-les de généreuses flammes
Et rendez-les moins indignes de vous. § Dieu, etc.

    PITIÉ, mon Dieu! Si votre main châtie
Un peuple ingrat qui semble le braver,
Elle commande à la mort à la vie.
Par un miracle elle peut nous sauver! § Dieu, etc.

    MERCI, mon Dieu, pour ces saintes journées!
Nous en gardons le parfum précieux.
O fleurs d'amour, quand vous serez fanées,
C'est que la mort aura fermé nos yeux. § Dieu, etc.

TABLE

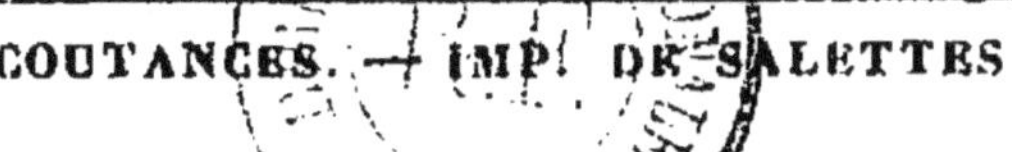

COUTANCES. — IMP. DE SALETTES.

www.ingramcontent.com/pod-product-compliance
Lightning Source LLC
Chambersburg PA
CBHW061559080726
47597CB00005BA/2081